AF509737

MINISTÈRE DE L'INSTRUCTION PUBLIQUE ET DES BEAUX-ARTS

BIBLIOTHÈQUE, OFFICE ET MUSÉE

DE L'ENSEIGNEMENT PUBLIC

(MUSÉE PÉDAGOGIQUE)

SERVICE DES PROJECTIONS LUMINEUSES

NOTICES SUR LES VUES

L'ART A L'ÉCOLE

PAR

Léon RIOTOR

Secrétaire général de la Société française de l'Art à l'école.

Nouvelle édition.

MELUN

IMPRIMERIE ADMINISTRATIVE

1913

*La présente notice doit être renvoyée au Musée
avec les Vues.*

L'ART A L'ÉCOLE

INTRODUCTION

Le temps n'est pas éloigné où la maison scolaire était une masure sordide et branlante. Certains villages utilisaient une grange. Les enfants, les vents et la poussière y jouaient de compagnie.

Puis les municipalités, poussées par la marche inexorable du mieux, et aussi par le nombre croissant des élèves, durent édifier des bâtiments plus spacieux, plus commodes, plus propres. Ceux-ci, à leur tour, devinrent insuffisants. Enfin nous eûmes, de la cité à la moindre bourgade, le groupe scolaire, la véritable maison de l'enfance.

Mais quelles étaient, naguère encore, l'allure générale et la couleur de ces lieux d'étude et de formation?

Ici, tristes et sans air, de couleur foncée et déplaisante, imbibés de deuil et de pénitence.

Là, plus vastes, ateliers, manufactures, où la dure

règle découpe sans attraits des heures laborieusement comptées.

Partout, encombrés d'horribles choses disparates, de fils de fer et de ficelles, de tuyaux de poêles, d'imageries insipides ou violentes, où des anatomies viciées tourmentent le regard épouvanté,

On avait pensé, et répété à l'élève : « Si nous badigeonnons de noir tout le mobilier qui t'environne, c'est pour que les taches d'encre ne s'aperçoivent pas ». Alors le petit être renchérit à son tour : « On ne les voit pas, je peux donc en abuser sans me gêner ! » Puis il ne différencia plus le noir de ce qui ne l'est pas et crut la tache d'encre autorisée partout. Enfin il ne distingua plus entre toutes ces imageries, ces cartes, ces ficelles, ces tuyaux de poêles et l'ignoble fumée qui l'enveloppait. Son âme toute entière fut imprégnée de suie.

Et il songea aux fleurs rencontrées, aux nuages dans le ciel, au ruisseau sur les pierres, fut convaincu que l'étude avait des dents de loup, s'en échappa chaque fois qu'il le pût, se prit à détester l'école.

Que fallait-il pour détruire ce caractère de manufacture ou de prison ? De la clarté, de la gaîté, de l'air, c'est-à-dire la santé du logis.

Il importait d'abord que l'enfant aimât son école, y vécut avec plaisir. On lui expliquerait après pourquoi il l'aimait, pourquoi il la trouvait jolie, pourquoi les sensations bienfaisantes d'un décor plus aimable le portaient à chérir désormais ce qui est riant et beau, à fuir ce qui est morose et laid.

L'initiative privée, si active au pays de France — n'est-ce pas la démocratie elle-même? — devait, cette fois encore, encouragée par l'État, lui venir en aide.

Cette question de l'*Art à l'école* intéressait depuis longtemps le monde de l'enseignement, et des efforts furent tentés à différentes reprises pour donner à nos établissements scolaires un aspect plus riant. Duruy, Ferry, Goblet, F. Buisson notamment, réunirent des commissions d'imagerie scolaire. En 1881, une exposition de l'ornementation de l'école eut lieu au Trocadéro sous les auspices du Ministère de l'Instruction publique: plus récemment on doit rappeler, en 1901, l'exposition de l'Enfance au Petit Palais (décoration scolaire et dessins d'enfant): puis, en 1904 celle du Cercle de la librairie, organisée par la Presse de l'enseignement: en 1905, la section de l'Enseignement public français à Liége, où figurèrent une série de peintures destinées à être reproduites pour les écoles. Des éditeurs firent aussi des essais louables, mais toutes ces tentatives étaient restées isolées et n'avaient pas appelé suffisamment l'attention du public et des membres de l'enseignement sur la tâche à réaliser. Ce fut l'œuvre de la Société de l'*Art à l'école* (1) créée en 1907 par M. Couyba, sénateur, et M. Léon Riotor, homme de lettres, avec le concours d'artistes, de fonctionnaires de l'Instrution publique et des Beaux-Arts et d'amis de l'école, parmi lesquels il convient de citer Mesdames Besnard, Brès, Girard; MM. Raffaëlli, Besnard, Roger Marx, Frantz Jourdain, Homolle, Edmond Pottier, Buisson, Bayet, Gasquet, Langlois, Galtier-Boissière, Guébin, Quenioux, G. Moreau, A. Balz, Bénédite, Bigard-Fabre, Van Brock.

Plaçant à la base de son action la propreté, la santé et la gaîté, la Société de l'*Art à l'école* prit pour programme : « l'école saine, aérée, rationnellement construite et meublée, attrayante et ornée ».

Elle ne tarda pas à y ajouter: « formation du goût par le décor, initiation de l'enfant à la beauté des lignes, des couleurs, des formes, des mouvements et des sons ».

Et, tout de suite, un mouvement énorme naquit, un mouvement véritablement national, qui secoua villes et campagnes : la conquête, par l'enfant, du beau partout, de la possible joie de vivre.

---

(1) Les statuts, listes d'imageries et tous renseignements sur l'œuvre et la création de sections en province sont adressés, sur demande, au siège de l'œuvre, à M. Léon Riotor, secrétaire général, 26, quai de Béthune, à Paris. Des rabais ont été obtenus des éditeurs sur beaucoup d'images. La société a publié une brochure illustrée « l'*Art à l'école* » expliquant son but: on peut l'acquérir au secrétariat et chez tous les libraires.

Il ne s'agit pas de façonner des artistes, non, simplement des hommes de goût, les ouvriers de demain. L'usage de la ligne et de la couleur vivantes amena la réforme de l'enseignement du dessin, comme il avait évoqué la gaîté, et ce n'est pas une des moindres victoires de cette croisade encore à son début. On apprendra la musique, le chant, la danse même chaque fois que les programmes le permettront.

Désormais les classes seront habillées de couleurs claires. Nous en avons l'assurance des autorités administratives et des architectes modernes. Ce sera plus lumineux, plus propre aussi. Désormais, partout où l'on s'inquiète du lendemain, on songera à mettre en harmonie le matériel et le décor. Il est inutile de vouloir rendre la didactique *agréable*, l'étude *attrayante* : elles doivent l'être, elles le sont par elles-mêmes. Ce qu'il faut, c'est que le matériel qui s'y applique ne soit pas rébarbatif. Pour le milieu où la jeune âme s'ouvre à la connaissance du monde, la gaîté du décor suffit. Ce décor n'a pas besoin de *s'ajouter* à la science.

La décoration est une chose, la pédagogie une autre. Quand on s'entête à les combiner, on aboutit à d'insipides mélanges qui ne sont plus ni de la pédagogie ni de l'art. L'imagerie, ainsi établie, compromet l'exactitude du savoir, fausse la vérité de la nature. Elle donne au cerveau puéril ces idées, si difficiles à extirper plus tard, que les actes physiques, que les décors de la terre, sont universellement mécanisés ou retouchés par l'homme. La simplicité en est exclue, de ces imageries, parce qu'on y veut enclore trop de descriptions, et sans simplicité pas de clarté ni d'ampleur.

Il y a trop de choses dans les classes. Ne doit-on pas conseiller comme premier principe aux instituteurs : « Évitez l'encombrement » ?

On a donc enlevé les objets inutiles, on a nettoyé les salles. Les fenêtres, plus largement ouvertes, ont laissé entrer plus de lumière, apercevoir plus de nature. Quelques plantes, des fleurs, rapprochent encore celle-ci. Les murailles, oubliant leurs manteaux de pensums ou de deuil, revêtent des teintes plus riantes, un pinceau alerte les charme d'un courant de vignes ou de feuillages. Quelques estampes polychromes, d'un goût sûr, interchangeables, en varient les agréments passagers.

Les pancartes pédagogiques, inutiles hors des leçons, sont rangées dans des meubles plats, le long des soubassements. Les tables et sièges suivent cette règle de séduction. Et les résultats obtenus sont merveilleux : l'enfant, qui n'avait aucun respect pour ces familiers de sa captivité en a maintenant, il veille à leur toilette avec un soin jaloux. Ce sont désormais de jolies choses, qui sont à lui.

Et remarquez qu'il n'y a pas encore d'essai vraiment complet. Il n'y a eu, jusqu'à présent, que des tentatives partielles, des fragments, dans des couloirs, des préaux, des salles de réunions ou d'exercices. Plusieurs sont évidemment à citer : Toulouse, Lyon, Bordeaux, Blois,

Bellac, Besançon, Lille, Parthenay, Pontivy, Reims, Brest, Montreuil-sur-Mer, Constantine, Montauban, Montpellier, Orléans, Saint-Étienne, Vichy, Valence. J'en passe. A Paris même, sans espérer d'ailleurs y trouver la perfection, visitez donc le préau du 40, rue Manin; celui de la « Maternelle », 29, avenue Gambetta; ceux de la rue Charles Beaudelaire, de la rue Severo; les préau, vestibule et cour du 22, rue Saint-Maur, et rue Belliard; les classes des rues de Monceau et de la Ville-l'Évêque; celles de l'école Alsacienne, 129, rue Notre-Dame-des-Champs; les groupes scolaires nouveaux, rues Rouelle et Émeriau, rue Dussoubs, l'annexe du lycée de jeunes filles Fénelon; d'autres que j'oublie.

Le mécanisme de la Société de l'*Art à l'école*?

A. Un comité central qui s'efforce de créer partout ce mouvement artistique, de donner des directions générales à tous ceux qui lui en demandent, qui suscite des initiatives par son action : 1° auprès des artistes, notamment des peintres, des architectes, des ébénistes d'art, afin de créer une décoration fixe ou mobile, un mobilier scolaire à la fois gai et pratique; 2° auprès des éditeurs, de façon à obtenir des estampes, une imagerie vraiment digne de l'école et dans les conditions les plus réduites de prix, mais sans, cependant, que ce bas prix abaisse leur valeur d'art.

B. Des comités régionaux auxquels le comité central demande en premier lieu de créer autour d'eux des initiatives artistiques locales, et qu'il fait bénéficier de tous les avantages qu'il peut obtenir. Dix adhérents peuvent constituer une « section » qui s'administrera elle-même, établira son programme, œuvrera autour d'elle.

Et cette action, heureusement secondée par les pouvoirs publics, qui lui ont ouvert les écoles, est. mieux encore, favorisée par un incontestable mouve ment d'opinion. Nul esprit éclairé n'y a résisté jusqu'ici, tant il est rationnel, logique et bienfaisant. Les directrices d'école, les institutrices, les mères s'y sont jointes. C'est grâce à elles que partout la plante a pris racine, c'est grâce à elles qu'elle fleurira.

Pour mieux faire comprendre l'œuvre en marche, nous vous montrerons quelques-uns de ces essais nouveaux, d'abord hésitants, puis plus complets et plus décidés chaque jour, les écoles construites, les décors réalisés, les imageries nouvelles ajoutées aux anciennes et quelques-unes de ces réunions enfantines qui seront l'expression même de l'école joyeuse et parée comme nous l'entendons...

L'ÉCOLE MODERNE

N° 1. — Nouvelle école publique à Paris, rues Sextius-Michel, Rouelle et Emeriau.

(Construite en 1912, par M. Louis Bonnier.)

Ce groupe scolaire, construit en 1912 par M. Louis Bonnier, directeur des services d'architecture de la ville de Paris et un des plus fervents zélateurs de l'*Art à l'école,* est vraiment une réalisation des idées propagées.

Ainsi que le dit M. Émile Maigrot dans le *Bulletin* de la Société « dans la construction de cet édifice l'architecte s'est affranchi des formules établies pour donner à la jeunesse plus que l'air et la lumière réclamés par l'hygiène. Par lui, l'art est entré dans cette école où les moindres détails, étudiés avec soin, ont une raison d'être et occupent une place judicieusement déterminée.

« L'artiste et le constructeur se sont confondus pour obtenir ce résultat bien moderne.... Partout on constate le principe essentiel de construction et l'emploi judicieux de la matière, pierre, brique et ciment;... et l'opposition des couleurs ajoute à la ligne une variété qui donne un résultat du meilleur effet. »

Pour nous autres profanes, nous constaterons que les fenêtres et portes à cintres superposés, avec leurs auvents, les bandeaux en ciment armé coupés de points de mosaïque de verre, les applications de mosaïques dans les porches formant niches des entrées, tout cela est très nouveau et fort gai. Nous voici loin de la masure de jadis, de la manufacture aux allures de prison que nous trouvons encore çà et là! C'est bien ici l'école moderne.

N° 2. — Les vestibules et les classes
de la nouvelle école, rue Rouelle à Paris.

« Dès que l'on franchit le vestibule, dit encore M. Maigrot, le parti de décoration s'affirme.... Nous retrouverons partout un haut lambris avec la partie supérieure simplement blanchie à la chaux. Une frise céramique forme la coupure entre ces deux parties....

« Le sol est recouvert d'une forme sans aucun jointoiement; de légers scintillements dans la matière trahissent le souci constant de l'architecte qui a fait incorporer dans cette pâte de la poudre de coryndon pour en retarder l'usure....

« La frise de céramique est le gros élément décoratif, et les tons verts, blancs et jaunes qui la composent s'harmonisent parfaitement avec le gris des menuiseries, portes, plinthes ou frises de lambris, laissant passer entre celles-ci le fond du mur peint en vert.

« L'hygiène a sa place dans ces préaux où l'installation des lavabos mériterait toute une description, et les diverses canalisations sont différenciées par le ton des peintures : bleues pour l'eau, rouges pour le gaz, vertes pour les évacuations et les chutes.

« Chaque classe est éclairée par une baie rectangulaire unique. La frise céramique a disparu pour faire place à un pochoir dont le dessin et la tonalité varient avec chaque salle. Les soubassements sont peints en vert et les pochoirs suivant les cas, sont du même ton, bleu ou rouge.

Cette description de M. Maigrot s'est bornée jusqu'ici à la partie occupée par l'école de garçons. Les autres, maternelle et école de filles, ne variant que dans le détail. Les préaux de la maternelle ayant leurs lambris bleus ton sur ton, et ces mêmes salles chez les filles étant décorées de tons gris et orange.

Ajoutons que dans les cours se trouvent de petits abris de fleurs et de feuillages, avec un banc de repos, qu'on dénomme « pergola ».

Il ne nous reste plus à souhaiter pour nos écoles modernes qu'un système de chauffage plus harmonieux et plus commode que ces énormes poêles et ces zigzags de tuyaux qui coupent si vilainement tous ces jolis décors.

N° 3. — **Nouvelle école publique à Paris, rue Sévero.**

(Construite en 1911 par M. Rous.
Décor du préau de la « maternelle » par M. André Hellé.)

La décoration du groupe scolaire de la rue Sévero, dans le XIV° arrondissement de Paris, est une des plus récentes interventions de la Société française de l'*Art à l'école*.

Construit avec sobriété et hygiène, d'aspect gai et harmonieux, ce groupe est l'œuvre de M. Rous, architecte de l'Assistance publique. Chacune de ses trois écoles comprend un vaste préau inondé de lumière.

La décoration du préau de la « maternelle » a été confiée à M. André Hellé, véritable imagier d'enfant, et ce fut un choix très heureux. M. Hellé a ici fait œuvre non seulement de décorateur mais encore d'éducateur. Tous les animaux domestiques et sauvages y sont représentés avec le caractère particulier à chacun d'eux. Les plus gros, tels l'éléphant et la girafe, occupent le milieu de la cimaise, qui se termine aux deux extrémités par le mouton ou le paon. L'effet d'ensemble est amusant et meuble parfaitement ce préau des tout-petits.

N° 4. — Nouvelle école publique à Paris, rue Sévero.

(Construite en 1911 par M. Rous.
Décor du préau des filles, par M. Robert Bonfils.)

Dans ce même groupe scolaire, la décoration du préau de l'école de filles a été confiée à M. Robert Bonfils.

Faire une œuvre décorative qui encadre parfaitement la pensée des jeunes filles convenait au talent de ce jeune peintre auquel on doit de délicates illustrations de livres féminins.

Le grand mur est orné de deux pendentifs composés géométriquement, donnant à l'ensemble un aspect architectural. Entre les fenêtres et tout autour de la salle un autre motif géométrique forme éventail. Le tout, inspiré de la rose, est dans une harmonie rose, violet et vert bleu sur fond ivoire.

N° 5. — Nouvelle école publique à Paris, rue Charles-Baudelaire.

(Construite en 1908 par M. Claës.
Décor du préau des filles par M. Karbowsky.)

Dans ce groupe scolaire, construit par M. Claës dans un populeux quartier, il y a trois écoles : maternelle, filles et garçons. Les cours intérieures sont ornées de décors en latis où grimpent des feuillages, les maçonneries sont coupées de briques, les ensembles ne sont pas sans gaîté. Les vestibules sont peints de couleurs claires, et la Société de *l'Art à l'école* y a fait accrocher quelques estampes en couleurs encadrées de bois naturel.

Les préaux de la maternelle et de l'école de garçons ont été décorés par MM. Adrien Bonnefoy et Georges Debize. La maternelle contient dix panneaux posés en frises à mi-hauteur, représentant *l'air, le feu, l'eau, la terre, le vent, la mer, la rivière, la plaine, la montagne, la prairie,* et encadrés de capucines; l'école de garçons compte treize panneaux retraçant *l'histoire de l'humanité;* le préau de l'école de filles, dont nous apercevons ici une partie, le lavabo, a été décoré de façon charmante par des lierres et papillons, et par un haut panneau féminin, *la Broderie,* par M. A. Karbowsky. L'exécution au pochoir de ces vastes surfaces en teintes multiples, dont quelques unes sont rares et délicates, avait été confiée à M. Payret-Dortail.

N° 6. — Ancienne école publique à Paris, 40 rue Manin.

(Décor d'un préau-réfectoire par MM. Charles Plumet et Rudnicki.)

Après l'étude, la récréation, les jeux, après la vision des estampes que des artistes ont peintes pour eux, les élèves vont au réfectoire. Là encore la clarté, le sens artistique imprégneront leur esprit, et ils apprendront à respecter le délicat décor que leurs amis ont installé autour d'eux.

Dans cette école, vaste et large, mais banale comme toutes celles qu'on construisait il y a dix ans, le préau était quelconque, avec du plâtre non peint, des soubassements couleur chocolat, des lyres à gaz pendues au plafond. Un architecte de l'*Art à l'école*, M. Charles Plumet, a fait de cette salle une merveille, avec la collaboration du décorateur M. Rudnicki. Le plafond avec des arrondis aux angles, reflète la clarté du ripolin blanc, les soubassements sont en carrés céramiques de même couleur, les lyres d'éclairage ont fait place à des appliques murales, des courants de vigne vierge avec retombées encadrent les fenêtres, des séries de gravures en complètent le charme.

Maintenant plus de désordre, plus de taches! Les enfants admirent et respectent! Ils sont fiers de leur préau, et les maîtres attestent que la mentalité de leurs élèves est complètement transformée.

N° 7. — Nouvelle école publique « maternelle » à Paris, 29 avenue Gambetta.

(Construite en 1908 par M. Roger Bouvard.
Décor du préau par M. Henri Simmen.)

Des écoles sont nées chaque jour, avec le souci de ces réalisations de charme et de gaieté! Celle-ci, dont nous apercevons une partie du préau, a été construite en 1909 à Paris, avenue Gambetta, par M. Roger Bouvard. Son aspect extérieur est des plus séduisants, avec du rouge et du vert, la large avancée de ses toits.

Ce préau, où les tout-petits se réunissent pour jouer et chanter, a été décoré par M. Henri Simmen d'une cimaise peinte, appliquée par un procédé mécanique des plus économiques. Sur un courant de pissenlits, d'ané-

mones et de liserons, s'élèvent des orangers mignons,
aux fruits ronds. En dessous, à hauteur de main, un
bandeau de carreaux céramiques, en grès bleuté, encadre des panneaux de chêne verni, où des porte-manteaux en fer forgé piquent leur joli dessin. Ceux-ci, par
assemblages de huit gros clous artistiques arrondis, sont
limités dans chaque ensemble par une fleur découpée à
plat.

Le plafond, aux angles arrondis, est en ripolin blanc.
C'est un ruissellement de douceurs et de lumière.

Nº 8. — **Ancienne école dite École Alsacienne, 129, rue Notre-Dame-des-Champs à Paris.**

(Classe des petits, décor par M. Maurice Testard.)

L'effort ne s'est pas borné aux constructions nouvelles.
On a tenté d'améliorer les anciennes.

Dans cette école, fondée à Paris après la guerre de
1870, dirigée actuellement par M. Beck, de premiers
essais ont été tentés. Les pancartes pédagogiques rangées,
les murs se sont revêtus de peintures claires, ornées de
frises ou de cimaises au pochoir, d'estampes encadrées.

Je voudrais montrer la variété qu'a su y enclore
M. Maurice Testard, et qui se manifeste d'un bout
à l'autre des bâtiments, jusque dans les couloirs et
escaliers. Là, nous apercevrons des courants de vignes,
des glycines, des cigognes au large vol, rappelant le
terroir alsacien. Ici, une frise de marronniers. Sur une
console en bois clair, de Gallerey, qui encadre aussi à
côté deux estampes de la *Féerie des Heures*, d'Henri
Rivière, se dresse l'*Enfant rieur*, de Donatello. L'ensemble

a du charme. Seul, le mobilier noir, ancien, y jette encore quelque ombre.

Enfin, dans la classe que nous voyons, pour les tout petits, nous apercevons une décoration de lapins blancs dans les choux, sur lesquels voltigent des papillons. Un pot de fleurs complète cet heureux rappel de potager.

N° 9. — **Ancienne école publique à Reims, rue Anquetil.**

Classe de la « maternelle », décor de M. Commerell.)

A peine la jeune section rémoise de l'*Art à l'école* était-elle fondée qu'elle montra d'heureux résultats, et put se glorifier de ses travaux.

On peut admirer à Reims le préau de l'école maternelle rue Courmeaux, de tonalité claire, avec des palmiers en pots de grès et une cimaise enfantine; le vestibule de la même école où court une cimaise de poules et poussins et une guirlande de cerisiers. L'école communale de filles de la même rue a une cimaise de cygnes, une frise de feuillage léger.

Rue du Mont-d'Arène, l'école maternelle montre un préau riant, enjolivé d'estampes, et une classe dont la cimaise porte des cygnes flottant parmi les nénuphars et les sagittaires.

Enfin dans la maternelle que nous voyons ici, rue Anquetil, le vestibule est orné d'une amusante ronde de petites bonnes femmes; dans le préau une frise, une cimaise, des estampes, des fleurs; dans la classe où nous sommes un décor et des estampes en couleur.

Toutes ces décorations sont de M. Commerell, professeur de dessin. Et partout règnent de riantes tonalités, les pancartes poussiéreuses autrefois entassées sur les murs sont rangées dans des placards spéciaux, des verdures en pots rappellent la nature et des meubles clairs ont remplacé les meubles noirs.

N° 10. — **Nouvelle école villageoise avec logement de l'instituteur.**

(Construite en 1908 à Jussac [Haute-Vienne] par M. Sautereau.)

Laissant les riches cités, où les municipalités disposent de ressources considérables, l'*Art à l'école* devait d'abord s'inquiéter des localités où l'école est un asile populaire, où les finances sont restreintes.

Cependant le décor champêtre permet d'y apporter plus d'air et de lumière, des emplacements plus vastes, des jardins et des arbres.

Cette aquarelle, que nous eussions voulu reproduire en couleurs pour en donner le charme exact, représente une petite école mixte au hameau de Jussac, dans la Haute-Vienne. Elle eut pour architecte M. Barthélemy Sautereau, de Limoges. A droite, la classe, éclairée d'un large vitrage, précédée d'arbustes verts et de gazons, suivie d'un préau couvert, d'un terrain de jeux, et d'autres pelouses. A gauche, le logement de l'instituteur, agréable et sain. L'ensemble constitue un délicieux cottage, et le prix de cette construction est demeuré des plus modestes. Depuis, M. Sautereau en a construit d'autres.

Autour du bâtiment, il faut semer des fleurs, apprendre aux enfants à les cultiver et à les respecter. C'est une extension du but cherché : « faire aimer la nature et le beau ». Des pédagogues l'ont compris et ont institué des sociétés des Amies des fleurs. Tous les élèves s'en occupent avec entrain, et c'est à qui enrichira et respectera ces modestes petits jardins.

> Voyez cette maison charmante
> Enclose d'un petit jardin,
> L'odeur de verveine et de menthe
> L'embaume du soir au matin.
> Chacun y chante à tour de rôle
> Ce qu'il aperçut et comprit
> Et le maître à l'enfant sourit.
>   Ah! la belle école!
>
> Jamais aucun de nous ne pleure,
> Tant les murs en sont purs et beaux
> Quand sur le seuil de la demeure
> On entend jouer les oiseaux.
> Geste amical, douce parole
> Y préparent notre avenir.
> Dépêchons-nous d'y revenir.
>   Ah! la belle école!
>
> Tout est joyeux, riant et rose
> Dans ce paradis de clarté.
> Les attraits de la moindre chose
> En font un séjour enchanté.
> Trop vite, hélas! le temps s'envole
> Dans ce délicieux décor.
> Maman, j'y veux rester encor,
>   Dans ma belle école.

PROJETS D'ÉCOLES

N° 11. — Une « maternelle » : salle d'exercices.

(Projet de M. Henri Simmen; Salon d'automne de 1908, actuellement dans la salle des archives de l'*Art à l'école* au *Musée de l'Enseignement public*.)

La construction prête, murs et jardins, il s'agissait d'y enclore le logis de la petite enfance. L'*Art à l'école* s'est

adressé au décorateur Henri Simmen qui, s'inspirant
des nobles idées de prévoyance des inspectrices, Mlle Brès
et Mme Jeanne Girard, a dressé un projet complet de
« maternelle ». Ses idées seraient tout entières à relater :
« D'abord, supprimons le nom d'école, disons simplement la « maternelle ». C'est plus qu'une garderie, mais
ce n'est pas encore une école. Le mot classe est remplacé
par « salle d'exercices ». Le réfectoire devient « salle à
manger ».

La « maternelle » doit avoir l'abord brillant d'une jolie
maison, aux grandes fenêtres, construite en matériaux
de couleurs gaies. Si nous sommes au village, quelques
plantes grimpantes en orneront le porche. Surtout pas
de style officiel, pas de ces écoles créées sur un modèle-
type qui les fait reconnaître entre mille.

La « maternelle » sera construite en harmonie parfaite
avec le site et le caractère général des constructions du
pays. La large avancée du toit annoncera un abri tran-
quille et sûr; les dimensions du porche, un accueil
hospitalier.

Les locaux à l'usage des enfants seront le plus possible
au rez-de-chaussée, surélevés de deux ou trois marches
de 15 centimètres. Ils comprendront : 1° un vestibule;
2° un parloir; 3° une salle de jeux ou préau; 4° des
salles d'exercices; 5° des vestiaires en nombre égal aux
salles d'exercices; 6° une salle de propreté; 7° une de
repos; 8° une salle à manger; 9° une cuisine; 10° une
cour de récréation; 11° un jardin; 12° un abri avec
« privés » et urinoirs; 13° des logements pour le per-
sonnel.

Puis M. Simmen a aussitôt construit les maquettes
des trois salles principales, qu'on peut voir aujourd'hui au

musée de l'Enseignement public, rue Gay-Lussac : celle de jeux ou préau, celle d'exercices et la salle à manger.

La salle d'exercices que nous apercevons ici, est en communication avec le préau, soit directement, soit par un couloir d'au moins 1 m. 50. Le jour est pris par une grande porte-fenêtre tenant un côté entier de la salle, sur le jardin. Cette porte-fenêtre est composée de la façon suivante : du sol à 0 m. 50 de haut, panneaux de menuiserie; de 0 m. 50 à 1 m. 30, vitres en verre coulé ordinaire, permettant aux enfants de voir le jardin; de 1 m. 50 au sommet, verre cathédrale, remplaçant les rideaux et leurs multiples inconvénients. Enfin cette porte-fenêtre n'est munie d'aucun châssis ouvrant (d'un fonctionnement souvent défectueux), mais de verres perforés.

Cette salle d'exercices est garnie de meubles en chêne apparent, tables à dessus horizontal à une ou deux places, décorées en pyrogravure, chaises ou fauteuils décorés de la même façon, le tout mobile. La maîtresse essaiera de donner chaque semaine un aspect nouveau, ce qui est toujours un agrément pour les enfants.

Le mobilier est complété par un harmonium, par des armoires basses pour placer tout le matériel d'usage courant bien à la portée des enfants, enfin par l'antique tableau noir qui y est devenu blanc ou tout au moins légèrement grisaille. On se servira de craie factice noire. Le tableau noir est la chose la plus illogique de l'enseignement; c'est écrire ou dessiner en négatif, obliger l'œil de l'enfant à faire une transposition en positif. Cela devient tout à fait grotesque lorsque le professeur est obligé d'ombrer un dessin, n'ayant pour toute ressource que la craie blanche.

La pièce est garnie de placards d'angles, servant de porte-manteaux pour la maîtresse, d'abris pour fournitures et objets d'enseignement. Les portes de ces placards, vitrées à la partie supérieure, permettent l'exposition de gravures facilement renouvelables. Le dessus de ces placards est incliné pour empêcher les dépôts de poussière. On en a profité pour lui donner l'aspect pittoresque d'un toit de maisonnette.

N° 12. — Une « maternelle » : salle à manger.

(Projet de M. Henri Simonen ;
Salon d'automne de 1908, *Musée de l'Enseignement public*.)

Si nous passons dans la salle à manger, nous voyons que cette salle, décorée d'une cimaise d'arbres fruitiers, est pourvue d'une porte-fenêtre du même modèle que celle de la salle d'exercices. Elle permet l'illusion des repas en plein air. Le parquet est lavable (linoléum). A l'entrée, le mur est garni de tablettes à claire-voie et de crochets pour les paniers et les serviettes. La paroi principale est meublée d'un buffet-dressoir, à hauteur des enfants, leur permettant de mettre le couvert eux-mêmes. Le dressoir est garni, en plus de la vaisselle de service, de quelques vases et d'assiettes décoratives. Il y a de petites chaises de diverses tailles autour de la table qui est ovale (les tables carrées doivent être rigoureusement proscrites pour le danger de leurs angles) avec un dessus en porphyrolithe lavable.

N° 13. — Une classe d'âge moyen.

(Projet de MM. Sauvage et Sarazin; Salon d'automne de 1907,
Musée de l'Enseignement public.)

Après la « maternelle », la classe prend une allure
plus sérieuse, mais il ne s'en suit pas qu'elle doive être
plus rébarbative.

Dès 1907, sa première année d'existence, la Société
de l'*Art à l'école* s'en inquiéta. Deux de ses membres,
MM. Sauvage et Sarazin, architectes, exposèrent un
projet, décor et mobilier, que nous voyons ici, et dont
les tables et bancs sont au musée de l'Enseignement
public, rue Gay-Lussac.

On connaît le désir de la Société : l'école saine, aérée,
rationnellement construite et meublée, attrayante et
ornée. MM. Sauvage et Sarazin l'ont traduit selon leur
conception particulière. Cette classe répond aux vœux
ordinaires des maîtres, même à certaines conditions qui
semblent puériles, cependant plus logiques qu'on ne
pense. On souhaite bannir l'usage du balai et du plumeau :
or, tous les matériaux employés dans ce projet, meubles
et murailles, sont démontables et lavables. Les revête-
ments supérieurs, les toiles vernissées sont fixés par des
baguettes permettant les remplacements partiels : les pla-
ques de soubassements sont en porphyrolithe armé,
imbrisable, maintenus seulement aux quatre coins : un
bandeau de carreaux de faïence forme cimaise, le plafond
et le plancher se raccordent aux parois par des arrondis,
afin d'éviter les « nids à poussière ».

Les bancs sont à claires-voies pour permettre le pas-
sage de l'air, les tables évitent les arêtes vives, le plan

incliné du pupitre est à glissières, l'enfant peut l'amener
contre lui sans se courber, le dos appuyé, droit. Le dessus de ce plan incliné est en porphyrolithe gris vert. Les
taches d'encre s'y épongent facilement.

La fenêtre est une large baie, sur le bord de laquelle
s'alignent des fleurs en pots, géraniums, zinnias, pétu-
nias. L'hiver, ce seront des aucubas à fruits rouges.
L'ensemble des teintes est combiné pour donner satis-
faction aux médecins et aux oculistes, proscripteurs de
la poussière, du lait de chaux friable et du blanc uni-
forme. Les murs comportent une vaste ardoise, avec un
bandeau décoré, un emplacement pour les pancartes
pédagogiques, deux estampes en couleurs de Henri
Rivière, encadrées de lignes harmonieuses par Mathieu
Gallerey. Et cette classe ne coûte pas plus à établir qu'une
humble salle villageoise !

La porte est couronnée de cet avis : *Soyez bien sages*.
Comment ne le deviendraient-ils pas, ces bambins char
més de choses délicates construites pour eux, placées
sous leur sauvegarde, dans ce logis attrayant avec ses
fleurs et sa clarté ?

IMAGERIES MANUELLES ET MURALES

L'*Art à l'école* n'illustre pas seulement les classes de
frises peintes, d'historiettes et de légendes, il évoque la
source même de l'art, la nature, et sa vertu est de
l'évoquer par le talent des hommes qui ont su le mieux
la comprendre.

Nous allons donc vous montrer une suite d'estampes
en noir et en couleurs, mises, par des rabais commer-
ciaux obligeants, à la portée facile de l'instituteur. C'est

Henri Rivière reproduisant avec simplicité les *Aspects de la nature*, la *Féerie des heures*, les landes et les ports bretons; Lucien Simon, les petits gars et les chaumines mélancoliques de la vieille Armorique; Adler, la *Sortie de l'École* et les tristesses laborieuses des cités; Hanicotte, les joies multicolores de la Hollande; Abel Truchet, les enfants au jardin public; Delaw, synthétisant les *Saisons*; Wilder, avec une scène au bord d'un canal; Mlle Dufau, avec des sentences morales.

N° 14. — Cartes récompenses-scolaires.

(*Les Mois : Novembre*, par M. Delaw.)

Voyons d'abord une des séries d'images manuelles, coloriées ou en noir à colorier, par lesquelles nous avons tenté de remplacer les bons-points niais et laids dont le commerce inonde les écoles. Dans *les Mois.* de G. Delaw, voici *Novembre* avec ses frimas et aussi ses jeux.

Au dos de ces cartes-récompenses sont inscrits les noms de l'école et de l'élève, constituant ainsi un précieux testimonial emporté et conservé à la maison.

N° 15. — Estampes murales.

(*Les chevaux de halage*, estampe en couleurs par M. André Wilder.)

La Société a sélectionné tout d'abord les estampes que les éditeurs ont bien voulu lui soumettre. Il faut dire que bien peu ont trouvé grâce devant elle. Dès juin 1909, elle faisait décider l'achat et la répartition dans les écoles de la ville de Paris de cent de ces estampes, sous verre et entourées d'un cadre en bois naturel mis au concours entre les ébénistes d'art. Une seconde répartition fut faite en 1911.

Puis pour faire œuvre plus créatrice, elle provoqua un concours de maquettes d'estampes murales en couleurs. Plus de cinquante projets lui furent envoyés dont elle retint les treize suivants, pour une exposition qui eut lieu du 1er au 15 mai au Musée de l'Enseignement public à Paris :

1. *Les serfs*, par F. Raffin. — 2. *Guignol*, par G. Lepape. — 3. *Chevaux de halage*, par A. Wilder. — 4. *Les ballons*, par G. Lepape. — 5. *En dirigeable*, par Mlle Montaut. — 6. *En luge*, par A. Morisset. — 7. *Chaumière bretonne*, par A. Morisset. — 8. *Le skieur*, par A. Morisset. — 9. *Les saisons*, par M. Bourguignon. — 10. *La montagne*, par M. Bourguignon. — 11. *Tableau d'honneur*, par E. Bigot. — 12 et 13. *Rivages bretons*, par F. Trochain.

D'un avis unanime *Les chevaux de halage*, par M. André Wilder furent choisis pour l'édition. C'est l'estampe que nous vous présentons ici.

Deux robustes chevaux, tirant une péniche le long d'un canal, s'arrêtent un instant, sous un paysage de grands arbres.

L'auteur, M. André Wilder, est un jeune peintre d'origine flamande déjà connu pour des illustrations de livres.

N° 16. — Le Fleuve.

(Les Aspects de la nature, estampe en couleurs par M. H. Rivière.)

Dans les estampes en couleurs nous verrons avec joie celles de Henri Rivière, peintre et graveur, né à Paris en 1864, qui se révéla jadis à Montmartre par des pièces d'ombres célèbres, la *Marche à l'Étoile* (1890), l'*Enfant prodigue* (1894), le *Juif errant* (1898). On cite de lui des pages inestimables, taillées sur bois au canif, entr'autres le *Pardon de Sainte-Anne-la-Palud*. C'est par le bon imprimeur Eugène Verneau qu'il devait parvenir au grand public et que l'*Art à l'école* put le placer avec fruit sous les yeux de l'enfance.

Voici le *Fleuve*, ce don du ciel, ce chemin qui marche :

> La source descend la montagne
> Pure et légère, ainsi qu'une biche qui court
> Dans la verdoyante campagne ;
> Du sable à la saulaie, et du désert au bourg,
> Elle dirige son parcours.

Des faneuses, sur la colline, regardent venir un train de bateaux, comme un long reptile, et l'eau descendre à son destin fatal. — Une île détachée de la rive où s'étale un rustique village. — Des peupliers sur la berge.

N° 17. — Le quai d'Austerlitz.

(*Paysages parisiens*, estampes en couleurs par M. H. Rivière.)

Le fleuve est arrivé dans la grande ville. Suivons-le à Paris, au quai d'Austerlitz. Des débardeurs déchargent des péniches de bois ou de grains. Au fond : l'île Saint-Louis, l'estacade et le chevet de l'église Notre-Dame.

N° 18. — L'Ile des Cygnes.

(*Paysages parisiens*, estampes en couleurs par M. H. Rivière.)

Le fleuve continue, rencontre la Cité, l'Institut, dont le dôme rond se reflète, puis le pont des Saints-Pères,

et le Louvre de nos rois. Partout, des bateaux tissent
de leur navette la soie floche des ondes. Passons le
Trocadéro qui découpe le ciel; abordons, en ce jour
d'automne, à l'*Ile des Cygnes*, mélancolique de grâce et
de couleur. Il a plu. Les arbres, défeuillés, frissonnent
dans les flaques d'eau. C'est la tristesse de la saison.

N° 19. — Du haut des tours Notre-Dame.

(*Paysages parisiens*, estampes en couleurs par M. H. Rivière.

Du haut des tours de Notre-Dame, où s'érigent les
pinacles, où se penchent les gargouilles, deux corbeaux,
annonciateurs de l'hiver, s'envolent sur la ville enlin-
ceulée de blanc. Ils nous mèneraient si nous les suivions
loin, là-bas, aux *Fortifications*, au flanc de la *Butte Montmartre*. Nous y monterions, et contemplerions la ville
sous nos pieds, la ville d'où s'élèvent les fumées, les
espoirs et les colères. Ici, c'est encore le rêve de pierre,
la magie de l'Art.

N° 20. — La Baie.

(*Les Aspects de la Nature*, estampes en couleurs par M. H. Rivière.

En bas, le fleuve continue sa course, arrive à la baie
morne et froide qui échancre la lande bretonne, où des
chevaux, déchevelés par le rude vent du noroît, broutent
de maigres bruyères....

Nᵒ 21. — **Le coucher du soleil.**

(*Les Aspects de la Nature*, estampes en couleurs par M. H. Rivière.)

Enfin le fleuve a terminé son destin, s'est mêlé à mille et mille frères, dans le lit commun. Sur la mer calme, où s'épanchent les reflets sanglants du soleil couchant, des pêcheurs déploient leurs voiles et préparent leurs filets.......

« Que de choses en de simples feuilles de papier ! » s'est écrié un critique d'art, quelles évocations multiples pour le rêveur, attentif aux féeries de l'heure, de la lumière, de la vie qui s'écoule! Quelles merveilles que ces couleurs, encadrées de bois clair, rappelant les instants fugitifs de chaque jour! Ces estampes ont la diversité de la nature changeante, et rien n'est si doux à l'esprit que de se la rappeler sans cesse.

Nᵒ 22. — **Les Joueurs de quilles.**

(Estampe en couleurs par M. Lucien Simon.)

Ici, à la sortie de ce village breton, où les mœurs et les coutumes ne le cèdent en rien à la couleur et au pittoresque, les gars jouent aux quilles, lancent la lourde boule où leurs doigts s'agrippent.

C'est le dimanche. Les rudes travaux sont délaissés, les beaux vêtements sont endossés, et les chapeaux laissent flotter au vent leurs rubans de velours. La partie s'anime. Tout à l'heure, les joueurs iront se désaltérer à quelque jarre de lait, sinon à la bolée de cidre frais.

N⁰ 23. — **Aidons-nous mutuellement.**

(Estampe en couleurs par Mlle Hélène Dufau.)

Tous les enfants n'ont pas le loisir de jouer, ni de mettre de beaux vêtements, même le dimanche. Ceux-ci, pour gagner un maigre profit, apporter quelque douceur au foyer familial, ont été cueillir sur les chênes le gui fétiche, qu'ils essaient de vendre de porte en porte.

Le vent a jeté par terre la casquette de l'un d'eux. « Attends ! crie l'autre, je vais la ramasser ». Il s'empresse, car son camarade est embarrassé et prendrait froid. Et puis le beau gui serait souillé de poussière. C'est un exemple de solidarité simple, inconsciente, comme il faut la pratiquer chaque jour dans la vie.

Mlle Dufau a peint pour l'école trois autres panneaux : « Mieux vaut courage que force » ; « Pas de moisson sans culture » ; « Aimons nos parents », que nous regrettons de ne pouvoir mettre aussi sous vos yeux.

N⁰ 24 — **Le Bénédicité.**

(Estampe en noir, d'après J. B. Chardin (1699-1779).
Chalcographie du Louvre.)

Cette belle estampe, que les instituteurs peuvent obtenir de la chalcographie du Louvre à un prix très modeste, nous représente la douceur du logis familial, la soupe fumante dans les assiettes, la maman qui conseille et sermonne un peu, le calme plaisir des caresses, après la studieuse journée ! C'est par le pinceau d'un peintre minutieux et charmant du xviiie siècle que nous péné-

trons tout cela. Il a su retracer, dans ce groupe intime,
la sereine quiétude et le bonheur. Souhaitons avec lui
que l'école heureuse fasse la famille heureuse.

N° 25. — Le Maistre d'Escole.

(Image en noir par Abraham Bosse [1602-1676].)

Tout ceci doit aboutir à la gaîté et à la santé de l'école.
Nous arrivons au jour où les petits danseront et chan-
teront. Mais avant ce jour où nous touchons, montrons
leur encore le « maistre d'escole » de jadis.

C'est une vieille gravure, conservée au Cabinet des
Estampes de la Bibliothèque nationale, œuvre d'un des-
sinateur et graveur tourangeau du xvii° siècle, Abraham
Bosse, qui alliait la finesse de l'esprit au goût le plus
sûr. Elle nous sert à la fois de document historique et
d'illustration. Elle nous montre ce qu'était alors le maître
d'école, la verge en mains, prodiguant ses conseils et
ses coups à quelques jeunes seigneurs. L'école n'était
pas le domaine de tous comme aujourd'hui. Puis nous
l'utiliserons pour la pancarte murale et le bon point
scolaire.

Bosse, qui rimait aussi d'agréable façon, a commenté
cette planche par les couplets suivants :

> Cet habile maistre d'escole
> Accoustumé parmi le bruit
> Que font les enfants qu'il instruit
> Joint les verges à la parolle.
>
> Les uns, d'une estrange façon,
> Appréhendent la discipline,
> Et semblent pleurer à leur mine
> Quand ils apprennent leur leçon.

Mais les autres, tout au contraire,
Par un folastre sentiment
N'ont l'esprit qu'au jeu seulement
Dont ils ne peuvent se distraire.

Toy qui te mocques de leurs jeux
Sçache qu'ils sont pleins d'innocence,
Et souviens-toy qu'en ton enfance
Tu cherchais à faire comme eux....

VISITES ET CONGRÈS

N° 26. — **Une école rurale de filles.**

(Visite et Congrès à Saint-Émilion [Gironde].)

La société de l'*Art à l'école* a non seulement organisé des visites et conférences dans les écoles normales, les musées, les ateliers, auxquelles sont invités les directeurs, directrices d'école, et leurs élèves, mais encore des excursions et congrès qui ont conduit les amis de l'école dans les principales villes de France et de l'Etranger. D'utiles enseignements en ont été rapportés et servent à des communications d'un intérêt grandissant.

Pour préciser l'activité de la société on peut rappeler qu'elle avait organisé à Paris, avec l'autorisation du directeur de l'enseignement primaire, tout un service de visites d'écoles, et que ses congrès l'ont conduite en 1908 à Lille, Arras et Douai, en 1909 à Nancy, en 1910 à Bruxelles, Anvers et Bruges, en 1911 à Roubaix, à Turin, Florence, Rome, Naples, Pise et Gênes; en 1912 à Bordeaux, à Cologne, Berlin, Dresde, Nuremberg, Prague, Munich, Strasbourg, et qu'elle ira probablement en 1913 à Lyon et en Espagne.

Cette vue d'une école publique de filles à Saint-Émilion près Libourne, pendant le Congrès de Bordeaux de mai 1912, suffira à montrer de quelle façon accorte et charmante les congressistes étaient reçus à chacune de leurs visites.

N°s 27 et 28. — **Danses mimées et chantées.**

Les enfants sont joyeux. Ils chantent. On a placé çà et là sous leurs yeux la reproduction des bas-reliefs en terre cuite émaillée, du fameux sculpteur florentin Luca della Robbia qui ornaient à Florence, dans la cathédrale blanche et noire tant célébrée, la balustrade du buffet des orgues.

Mais il vaut mieux danser et chanter soi-même. Et dans toutes les écoles on s'ingénie maintenant à ces petites fêtes.

Cependant les chœurs et les danses à l'école ne peuvent valoir qu'autant qu'ils seront appropriés à l'enfance. Des mouvements peuvent et doivent les accompagner, à condition de proscrire les déguisements, qui sont coûteux, font perdre du temps et donnent à ces exercices un caractère apprêté, contraire à la simplicité. Toute la mimique doit se rapporter aux ordres de choses qui s'imposent directement à l'enfant, à ses jeux, aux gestes des métiers, aux spectacles et aux phénomènes de la nature. Les seuls accessoires admissibles seront ceux qu'on peut se procurer naturellement : des jouets, des fleurs, des branchages, des attributs en papier, etc.

*
* *

L'*Art à l'école* s'est donc occupé d'emplir l'esprit de l'enfant de l'amour de vivre, de la joie des choses sereines et saines : c'est l'éducation de l'œil. On peut dire que c'est aussi l'éducation de l'âme. Nous aurons désormais dans le lieu où se forme la pensée de l'homme de demain, un décor qui lui rappellera tout ce qui fait le charme de l'existence, la maison aux yeux de pierre que nous contemplons et qui nous voit passer, la nature, les fleurs, le vent qui chante, et les caresses de la maman, bref, tout ce qui constitue, pour le petit être, le monde, la terre et l'humanité.

MELUN, IMPRIMERIE ADMINISTRATIVE. — M. P. 29 E

www.ingramcontent.com/pod-product-compliance
Lightning Source LLC
LaVergne TN
LVHW021642170726
843501LV00007B/2362